BALADA

Pere Gimferrer

BALADA

(8 – III / 30 – IV 2025)

ESPASA ES POESÍA

ESPASAesPOESÍA

Diseño de cubierta: Planeta Arte & Diseño
Imagen de cubierta: Untitled, 1954, Twombly, Cy.
© Cy Twombly Foundation. Foto: © 2025 Digital image,
The Museum of Modern Art, New York/Scala, Florence

Primera edición: noviembre de 2025

Preimpresión: MT Color & Diseño, S. L.

Depósito legal: B. 18.354-2025
ISBN: 978-84-670-7924-1

Espasa, en su deseo de mejorar sus publicaciones, agradecerá
cualquier sugerencia que los lectores hagan al departamento
editorial por correo electrónico: sugerencias@espasa.es

www.espasa.com
www.planetadelibros.com

Impreso en España/*Printed in Spain*
Impresión: Huertas, S. A.

Editorial Planeta, S. A.
Avda. Diagonal, 662-664
08034 Barcelona

I amb dolça veu, per art ben acordada,
cant e tenor, cantaven tal balada...
JOAN ROÍS DE CORELLA

A C. C., *dove sta memora.*

I

El hombre viene vestido de seda.
El hombre viene con la luz azul.
¿Es el hombre-jazmín o el lobisón?
¿Es el juramentado del parchís?
Es el hombre que vive de las hojas
del libro no leído de la luz.
En la noche invisible en tinta china
el pergamino se resquebrajó.
Una pupila sin pestañear:
el pay-pay que presencia lo presente,

en la almena del aire amordazado
por las alfilerías del azul.
Vive el mundo del sol en los banianos,
(Delhi, 1965),
vive el mundo del hálito del mar:
Calderón de la Barca no vivía
precipitado de Polonia al piélago.
El Faetón del viento desprendido,
la cucharada de las olas tuertas,
la noche de los ojos restañados

por acuchillamientos del reflujo,
cuando los labios fúlgidos del sexo
ven el cartucho de la destrucción.
Una bengala no desmiente al nublo,
no desmiente la noche al esplendor.
El justiprecio de las agonías:
a ser morir, morir por estos ojos,
cepillada o barrida la memoria;
decapitados en la cerería,
miran aún los rostros del marfil.

II

Mordaza es a una gruta de su boca.

Góngora

Está allí, como el ángel de las horas lejanas,
lo que fuimos un día, la cosecha del mar:
el musgo oscuro ardía en el campo del pubis
y la boca en lo negro bebió un agua quemada
[y pajiza.
Así cae una perla: la copa de los cielos
se volcaba en los labios del buzo de la luz.
El peristilo suave en el umbral oscuro y
[escarlata,
sondado y sondeado por esta mano a ciegas,
pájaro en la tiniebla delicada
que rompe la clausura del cuerpo en cerrazón
y empuña en terciopelo nuestro dejar de ser.

El chasquido palmea las dos colinas blancas,
two and two, necessarye coniunction,
holding eche other by the hand or the arm,
en reverberación la guitarra del cuerpo
en el país de las guitarras muertas,
(le chitarre morte,
la nave delle donne maledette).
Enajenados, sí; el aire se enajena,
a los enajenados oye cantar la noche:
es un canto sin son de campanas tapadas,
como tañer oculto en transfiguración.

III

Dadle al herido y ahorquillado el toque
de aquel cuerno de caza en el Shakespeare
[montuno
o en el Apollinaire de un parque de París.
Como el farsante vive del bululú del sol
y un arcaduz de fuego descuaja su garganta,
así vive el precito la cita con la cinta,
como las Becas Cintas en el cielo morado de
[Princeton,
la porcelana rosa de los atardeceres,
la cara desollada del crepúsculo lila.

IV

To be poets confers Death on us.

ROBERT GRAVES

Es acumulativo el palitroque
dando palos de ciego por las breñas.
Cuando murió Montale, amanecía
en el pico del águila ligur.
Huesos de sepia van, como el pasado,
desplazando cadáveres al golfo;
ojos de oscuros puentes, barco ebrio
en la pajarería de Rimbaud.

V

En la noche del ácido que mata,
la madrugada de los tulipanes;
por unos tulipanes amarillos
vivió Cernuda en la desolación.
Un poeta a propósito de flores,
apenas conocido en las gradas de Roma,
aquel joven escrito y descrito en el agua,
cuyo nombre trazaron las manos invisibles,
en lo líquido así transparentado,
a thing of beauty is a joy for ever,

entre linfas y ninfas el resplandor de Keats,
aguas abajo al mar, con su transmutación;
es el primer poema, la lágrima incendiada del
[tiempo del querer,
lo que nunca seremos.

VI

Arbusto a más alzar manos de eclipse.

JUAN LARREA

El párpado del cielo enrojecido
en las cristalerías del poniente
no nos verá pasar, como en las tardes,
las tardes como aquellas, los *días como aquellos*,
en el Generalife o en la Diagonal,
prendidos en la luz del verso puro,
el estereoscopio del ayer,
la voz opaca de nuestra memoria:
¿cómo serán los árboles aquellos?
¿cómo será algún día que ya fue?
¿cómo seremos los que ya hemos sido?

El Golem errabundo en laberintos
tantea noche en el rosal borrado,
en el rosal bordado por los ojos de eclipse,
ojos cosidos por la claridad,
ojos vestidos por la claridad.
No acaba de acabar aquí el poema,
el latigazo de las valentías
en los pinares del amanecer.
El latigazo de decir «Yo soy».

VII

«Ningún español honrado y patriota
–dijo el julai con labios de tapir–
deberá temer nada».
                                        Chicuelinas:
cae el toro ante Alberti y Bergamín.
En el año del buey despellejado,
los años del castigo sin recreo,
pétalos en caída en las cornisas,
desde el punzón de rosas del cielo de
                                                            [Madrid.

VIII

A lo más hondo voy, al planeta encendido,
pude decir un día (ya era yo lo que no era),
el destino grabado en el metal de voz,
en una sola voz ojos vendados,
la invisibilidad de lo vivido,
el desgarro de la fulminación:
de mí hacia mí, destino pajarero
suelto en bandadas por el cielo roto,
el libro del saber de astronomía,
figura reflejada en un metal
como el Greco en Illescas, el azogue
donde vemos al fin nuestra verdad.

Nota

El ejemplo de Eliot en *The Waste Land* (desmentido luego por él mismo en *Four Quartets*), no me decide sino a dejar unas muy concisas indicaciones sobre algunas cosas de este texto mío:

En la sección I, *Delhi, 1965* remite a la publicación de *Viento entero* de Octavio Paz, y el antepenúltimo verso es el que cierra un soneto de Villamediana.

En la sección II, los dos versos en inglés proceden de Eliot y, de los dos versos en italiano, el primero titula un poema de Salvatore Quasimodo y el segundo un film de Raffaello Matarazzo.

En la sección III, «Dadle al herido y ahorquillado» procede de Shakespeare, *King Lear*, y las «Becas Cintas» existen o existían en Princeton hacia 1974.

En la sección VI, *días como aquellos* es de Juan Ramón Jiménez, en evocación de García Lorca en Granada.

En la sección VII, la frase inicial entrecomillada cita la proclamación televisiva de la entonces llamada Ley Antiterrorista.

En la sección VIII, «ya era yo lo que no era» cita a Alberti.

En la dedicatoria inicial del libro *dove sta memora* procede de Guido Cavalcanti (*Donna mi prega...*).

El conocimiento de estos datos nada añade ni quita a la lectura de *Balada* como texto poético, aunque acaso sea útil en algún otro sentido.

PG

22-VI-2025

Índice